नाट्य-क्रम

सूचना

इन छंद-नृत्य नाटिकाओं के मंचन से पूर्व वाणी प्रकाशन अथवा सुश्री विभा/शुभा सक्सेना, बी-5, नवभारत टाइम्स अपार्टमेंट्स, मयूर विहार, फेज-I, दिल्ली-110091 से लिखित अनुमति लेना आवश्यक है।

होरी धूम मच्यो री

पात्र

कृष्ण
मनसुखा (कृष्ण के सखा)
राधा
ललिता (राधा की सखी)
विषाखा (राधा की सखी)
तथा
अन्य गोप-गोपियाँ

प्रथम दृश्य

[उल्लासमय मादक संगीत। डफ मृदंग आदि वाद्य बज रहे हैं। गोपों का एक दल नाचता हुआ मंच पर आता है। वे भी आपस में होली खेलते हैं। थोड़ी देर बाद मंच के दूसरी ओर से गोपियों का एक दल नाचता हुआ आता है। वे भी आपस में होली खेलती हैं। इधर गोपियों का दल ज्यों ही आता है गोप दल मंच से नाचता हुआ प्रस्थान कर जाता है फिर आता है। गोप-गोपियों का दल मिलकर नाचता और होरी खेलता है।

होरी की धूम मची हुई है। अचानक एक ओर से राधा की सखी ललिता का और दूसरी ओर से कृष्ण के सखा मनसुखा का प्रवेश। दोनों नाचते गोप-गोपिकाओं से राधा और कृष्ण के बारे में पूछते हैं। (इन दोनों का प्रवेश थोड़े अन्तर से कराया जा सकता है) पता चलता है, राधा और कृष्ण दोनों ही नहीं आए हैं। होली का उल्लास थोड़ा थम जाता है। गोपियाँ ललिता को घेर लेती हैं और उनसे राधा को बुला लाने को कहती हैं। इसी प्रकार गोप मनसुखा को घेर कृष्ण को बुला लाने को कहते हैं। दोनों साथ-साथ नाचते हुए प्रस्थान करते हैं। होली की धूम फिर शुरू होती है। पर बीच-बीच में राधा और कृष्ण की प्रतीक्षा का भाव दिखाया जा सकता है।]

दूसरा दृश्य

[राधा उदास बैठी है। ललिता आती है। और राधा से कहती है :

कूलन में केलिन में कछारन में कुंजन में
क्यारिन में कलिन-कलीन किलकंत हैं

कहै पद्माकर परागन में पौन में
पानन में पिक /में पलासन पंगत है
द्वार में दिसान में दुनी में देस देसन में
देखो दीप-दीपन में दीपत दिगंत है
बीथिन में ब्रज में नवेलिन में, वेलिन में
बनन में बागन में बगरो वसंत है।

(हे राधा ! देखो नदी के किनारे, कछारों में, क्यारियों में, खिलती कलियों में वसंत किलकारी मार रहा है। फूलों के पराग में, हवा में, पक्षियों और कोयल की कूक में, पलाश के वृक्षों में वह मिठास भर रहा है। हर दरवाजे पर, हर दिशा में, हर देस में एक-एक दीप में दिशाओं में उसका प्रकाश फैल रहा है। तुम इस तरह सुस्त क्यों बैठी हुई हो ! आज तो ब्रज की गली-गली में, एक-एक लता में एक-एक नवेली गोपिका में, एक-एक वन में, बाग में वसंत की मस्ती-मादकता छा गयी है, उठो चलो होली खेलने, धूम मची है।)

[राधा उत्तर देती है :

हमसे कहत छिपके चलो सखी
यही बसी तुम्हारे मन माहीं
केसे बिंदा उनके सनमुख हूँ
जिन नाहीं देखी मोरी परछाईं।

(हे ललिता सखी ! मुझे होली खेलने में लाज आती है। किसके साथ होली खेलूँ, मेरे प्रिय कृष्ण तो आज दिखाई नहीं दे रहे हैं। तुम मुझसे उनके साथ होली खेलने को कह रही हो जिन्होंने मेरे आत्मा की परछाईं तक नहीं देखी है। जाओ तुम कृष्ण को बुला लाओ तब मैं होली खेलूँगी।)

[ललिता कृष्ण को बुला लाने के लिए प्रस्थान करती है। राधा का प्रस्थान।

उधर से राधा की सखी विषाखा भागती हुई आती है। उसने एक घड़ा ले रखा है। पीछे-पीछे उसकी सखियाँ हैं। सखियाँ उसे छेड़ रही हैं कि जाओ पानी ले आओ, पर वह जाने से मना करती है तो सखियाँ उसे ठेल कर

भेजती हैं।]

(त्रिताल)

ज़ल जमुना भरन कैसे जाऊँ आज।
मची धूम बजत ढप-मृदंग बीन
खेले नंद को लाल होरी ब्रज में आज
मुख मीजे भल रोरी अंग देत झकझोरी
गहि गखा लगाये मुँह चूमे बरजोरी
बिंदा श्याम घेर लीन्हो सखिन आज

[इधर ललिता बेसुध-सी, खोयी हुई-सी आती है और बिना कुछ बोले ठगी-सी चुपचाप खड़ी हो जाती है। राधा हैरत से उसे देखती है। राधा सवाल पूछती है और वह अनमनी-सी ठगी-सी जवाब देती है–

(छंद)

'बोलती न काहे ऐरी ?' 'पूछे बिना बोलौ कहा'
पूछति हौ 'कहा भई भेद अधिकाई है ?'
कहै पद्माकर 'सुमारग के आये गये'
'सांची कहूं मों सो कहां आजु गयी-आयी है ?'
'गयी-आयी हौ तो सांवरे के पास', 'कौन काज ?'
'तेरे काज ल्यावन सु तेरी ही दुहाई है'
काहे ते न ल्याई फिर मोहन विहारी जू को ?'
'कैसे बाको ल्याहूं', 'जैसे बाको मन ल्याई है'

राधा : तू कुछ बोलती क्यों नहीं ?
ललिता : क्या बोलूँ, पूछो ?
राधा : यह कौन-सा भेद, कहाँ से लायी है ?
ललिता : ऐसे ही मार्ग में आते जाते।
राधा : मुझसे झूठ मत बोलो, कहाँ गयी थी ?

ललिता : कृष्ण के पास ही गयी थी।

राधा : भूल गयी, किस काम से गयी थी ?

ललिता : तुम्हारी कसम, तुम्हारे ही काम से गयी थी उन्हें लेने।

राधा : तो फिर उनको लेकर क्यों नहीं आयी ?

ललिता : कैसे उनको लाती ?

राधा : जिस तरह उनको अपने में बसा लाई है।

[राधा रूठ कर अलग चली जाती है। ललिता ठगी-सी देखती रहती है। राधा जिद में ललिता से कहती है—]

(चौचर)

मैं तो खेलूँगी उन्हीं से होरी गुइयां
लैके अबीर गुलाल कुंकुमा
वह तो रंग भरे पिचकारी गुइयां।

....

अब श्याम सुन्दर से रंग मचाये
बिंदा लाऊंगी गहि बरजोरी।

[राधा यह कहती हुई कि मैं उन्हीं के संग होली खेलूँगी और उन्हें जबरदस्ती पकड़ कर लाऊंगी, प्रस्थान करती है।]

तीसरा दृश्य

[राधा कृष्ण के पास है। देखती है कि कृष्ण स्त्री वेश में खड़े हैं। राधा हँसती है, रूठती है। गुस्सा होती है कि मुझसे पहले किसने इनके साथ होली खेली है। फिर पूछती है, विनतीपूर्वक—]

कान्ह खेलो कहां ऐसी होरी गुइयां
किन रंग में बोरी, मुख मली है रोरी
राधे पूछत खड़ी कर जोरी
तेरी चोटी गुथाइ, मांग मोती भराइ
कर चूरी पिन्हाई, सारी दीन्हीं ओढ़ायी

देखो आज बिंदा श्याम सुन्दर की
खुली है नित की चोरी।

[कृष्ण कोई उत्तर नहीं देते। केवल राधा को प्रेम भाव से देखते रहते हैं। (यहां संगीत द्वारा रागात्मक भाव सघन होता दिखाया जाता है। कृष्ण राधा पर रंग फेंकते हैं। राधा उन्हें पकड़ लेती है और खींच कर घर में ले जाती है।]

फाग की भीर अभीरन ते गाह गोविंद लै गयी भीतर गोरी,
भाई करी मन की पद्माकर ऊपर नाई अबीर की झोरी
छीन पितंबर कमर ते सु बिदा दई भीड़ि कपोलन रोरी
नैन नचई कह्यौ लला फिर आइयौ खेलन होरी

[फिर राधा और कृष्ण जमकर होली खेलते हैं।]

या अनुराग की फाग लखौ जहं रागती राग किसोरी
त्यों पद्माकर घालि घली फिर लाल ही लाल गुलाल की होरी
जैसी की तैसी रही पिचकी कर काहु न केसरि रंग में बोरी
गोरिन के रंग भीजिगो सांवरो, सांवरे के रंग भीजिगो गोरी

[उनकी होली प्रेम में डूबी भावविभोर स्थिति में बदल जाती है। अबीर की झोरी वैसी की वैसी रह जाती है। पिचकारी हाथ में है पर उसे रंग के कुण्ड में डालना वह भूल जाते हैं। और राधा कृष्ण के रंग में तथा कृष्ण राधा के प्रेम के रंग में डूब जाते हैं। (यहाँ संगीत द्वारा रागात्मक भाव सघनतम किया जा सकता है) और प्रेमविभोर एक-दूसरे की ओर देखते रह जाते हैं।

इसी समय मनसुखा आता है और पीछे-पीछे ललिता भी। वे बताते हैं कि गोप-गोपिकाएँ होली खेलने के लिए उनकी प्रतीक्षा कर रहे हैं और वे उन्हें लिवाने आए हैं, राधा और कृष्ण उनके साथ चल देते हैं।]

चौथा दृश्य

[कृष्ण गोप-गोपिकाओं के साथ होली खेल रहे हैं। अबीर उड़ाते कुंकम लगाते सभी मस्त नाच रहे हैं–

जसुदा के लाल खेलें होरी धूम मच्यो री।
चोवा चंदन अतर गुलाल को गलियन कीच मचो री
उड़त गुलाल लाल भयो बापर चली रंग की झोरी
स्याही नील मिलाय तेल में सबके मुख ही मलो री
लाख जतन कर छूटत नाहीं भई कारी सब गोरी
बाजा बजत देव नभ छाये सुमन बरख कर जोरी
बिंदा कहत धन्य ब्रज युवती नाचत कृष्ण खड़ो री।

(फ्रीज)

[एक गोपिका केसरिया रंग की ओढ़नी ओढ़े, गुलाब के फूलों से शृंगार किए भाल में गुलाल लगाए और अंगों को भली भाँति सजाए चली आ रही है। वह होली के रंग में मदमाती है। उसका शृंगार इतनी अति पर है कि हँसी छूटती है। सब उसे देख हँसने लगते हैं। उस पर फबती कसी जाती है–

औरन को छलती छिनने तुम जाती न औरन सों जु छली
फाग में मोहन को मन लै फगुआ में कहाँ अब लेन चली

(अपने रूप से हमेशा दूसरों को छलती रही हो अब हमारे मोहन का भी मन तुमने चुरा लिया। अब किसलिए इतना शृंगार किया है।)

[होली का नृत्य फिर शुरू हो जाता है।]

(फ्रीज)

[एक गोपिका घूँघट काढ़े है। कृष्ण घुँघटा उठा कर अबीर डालते हैं। वह विनती करती है–]

खेलिये फाग निशंक है आज मयंकमुखी कहैं भाग हमारौ
लेहुं गुलाल दुहू कर में पिचकारिन रंग हिये महं मारौ
भावै तुम्हें सो करो मोहिं लाल पै पाय परौ जिनि घूंघट टारौ
वीर को सौ हम देबिहै कैसे, अबीर तो आँख बचाय कै डारौ।

(हे कृष्ण, तुम निःशंक हो जैसे चाहो वैसे मेरे साथ होली खेल सकते हो। यह तो मेरा सौभाग्य है। दोनों हाथों से गुलाल लगाओ। रंग भरी पिचकारी

मेरे हृदय पर मारो, जो चाहे सो करो पर मेरा घूंघट न हटाओ, तुम्हारी कसम हम तुम्हें देखेंगी कैसे। अबीर तो आँख बचा कर डालो।)

[होली का नृत्य फिर शुरू हो जाता है।]

(फ्रीज)

[एक गोपिका कृष्ण से होली खेलने आती है। ज्यों ही कृष्ण अबीर लेकर आते हैं उसे पहचानते नहीं। वह नंदगाँव से आयी है। वह कृष्ण को देखने लगती है, कृष्ण उसको देखने लगते हैं। तब तक वह कृष्ण पर अबीर फेंकना चाहती है पर दोनों की अबीर भरी मुट्ठियाँ एक-दूसरे की मुट्ठियों से लड़ी रह जाती हैं। अबीर भरी अपनी मुट्ठियाँ एक-दूसरे से मिलाए वे एक-दूसरे को देखते रहते हैं।]

ये नंद गाँव ते आए यहाँ उत आयी सुता वह मौन हू ग्वाल
त्यों पद्माकर होत जुरा-जुरी उन फाग करौ इहि ख्याल की
डीठि चली इनकी उन पै उनकी इन पै घटी मूठि उताल की
डीठि सौ डीठि लगी इनके उनके लगी मूठि सौ मूठि गुलाल की

[होली का नृत्य फिर शुरू हो जाता है।]

(फ्रीज)

[सभी होली खेलने के रंग में डूबे हुए हैं। चारों तरफ केसर और रंग की कीचड़ ही कीचड़ हो गयी है। पिचकारी के रंग से भीगी हुई गोपियाँ भाग रही हैं और कृष्ण पीछे-पीछे गुलाल लिए दौड़ रहे हैं। दोनों ही उस कीचड़ में रपट जाते हैं; रपट कर गिरते हैं—गोपी नीचे, कृष्ण ऊपर—

ऊधम ऐसो मचो ब्रज में सबै रंग-तरंग उमंगनि सींचैं
त्यों पद्माकर छज्जन छातनि छ्वै छिति छाजती केसरि कींचैं
दै पिचक भजी भीजी तहां परै पीछू गुपाल गुलाल उलीचैं
एक ही संग इहां रपटे सखि, ये भये ऊपर हैं भई नीचैं।

(फ्रीज)

[सब मिलकर फिर होली खेलने और नृत्य करने लगते हैं।]

[फिसलकर गिरी गोपिका उठती है और अपने घर एक चौकी पर खड़ी हो जाती है। उसके गले का हार बालों में फँस गया है जिसे छुड़ाती है। अपने गीले घाघरे का पानी निचोड़ने के लिए घाघरे को दोनों पैरों के नीचे मरोड़ कर दबा, चूनर को दाँतों से दबा अंगिया उतारती है और लटकती चूनर की चार-पाँच परत करके उसे निचोड़ती है।]

आई खेलि होरी घरैं नवल किसोरी कहूं
बोरी गयी रंग में सुगंधन झकोरै है
कहैं पद्माकर इकंत चलि चौकी चढ़ी
हारन के बारन के फंद बंद छोरै है
घांघरे की घूमनु सुअरुन दुवीचै पारि
आंगीहू उतारि सुकुमारी मुख मोरै है
दंतम अधर दाबि, दूनर भई सी चापि
चौअर पचोअर कै चूनर निचोरै है।

[गोप-गोपिका सभी राधा से कृष्ण के साथ होली खेलने को कहते हैं। राधा कृष्ण के साथ होली खेलने के लिए चलती है। अभी तक कृष्ण अन्य गोपियों से और राधा अन्य गोपों से होली खेल रही थीं।]

थोरी थोरी बैस की अहीरनि की छोरी संग
भोरी भोरी बातनि उचरति गुमान की
कहै रत्नाकर वजावति मृदंग चंग
अंगनि उमंग भरी जोबन उठानि की
घाँघरे की घूमनि समेटि कै कछोटी किए
कटि-तट फेंटि कोछी कलित पिधान की
झोरी भरे रोरी, घोरि केसरि कमोरी भरे
होरी चली खेलन किसोरी वृषभान की

[राधा जी के साथ उनकी सहेलियाँ हैं। आपस में वह ऐसी बातें कर रही हैं कि कृष्ण को पछाड़ कर रख देंगी—गर्व और गुमानि की भोली-भोली बातें। यौवन के उमंग से भरी वे मृदंग-चंग बजा रही हैं। राधा जी घांघरे

के घेरे को समेट कछौटी बना लेती है और चूनरी कंधे से ला कमर पर कर वह बाँध लेती हैं, झोले में अबीर भर लेती है और एक बरतन में केसर रंग घोल कर ले लेती और इस तरह कृष्ण जी से होली खेलने चल पड़ती हैं।

कृष्ण गुलाल उड़ाते हुए झपटते हैं और राधा की आँखों में अबीर झोंक देते हैं। सखियाँ राधा से आँख धो लेने को कहती हैं। राधा धोती उतार देती हैं। धो-धोकर हार गयीं। अब कोई उपाय नहीं दीखता, वह घबरा कर कहती हैं क्या करूं, कहाँ जाऊँ, किससे कहूँ, किसे अपना दुःख सुनाऊँ ? कोई तो मेरी आँखों से अबीर निकालो। जिससे दर्द न बढ़े। सखियाँ प्रयत्न करती हैं। आँखों से अबीर निकाला जाता है। फिर सखियाँ राधा जी को होली खेलने को उकसाती हैं। पर राधा कहती है कि जैसे-तैसे इन आँखों से अबीर तो निकल गया पर अहीर (यानी कृष्ण जी) तो नहीं निकल रहा है। मैं कैसे खेलूँ !]

एकै संग धाये 'नंदलाल औ' गुलाल दोऊ
दृगनि गये जो भरि आनंद मढ़ै नहीं
धोय धोय हारी 'पद्माकर' तिहारी सौंह
अब तो उपाय एकौ चित्त पै चढ़ै नहीं।
कैसी करौं, कहाँ जाऊँ, कासों कहौं, कौन सुने
कोऊ तो निकासौ, जासौं दरद बढ़ै नहीं।
ऐरी मेरी बीर जैसे-तैसे इन आंखिन सों
कढ़िगो को अबीर पै अहीर तो कढ़ै नहीं।

[यह पूरा छंद अभिनय के साथ गाया जा सकता है और अंतिम पंक्ति बार-बार दोहराई जा सकती है।

फिर राधा-कृष्ण होली खेलने लगते हैं। कृष्ण आगे बढ़ रंग डालते हैं फिर राधा डालती है और होली की गति तेज हो जाती है। सभी उसमें शामिल हो जाते हैं और पूर्व पद का संगीत उभरने लगता है—

जसुदा के लाल खेले होली धूम मच्यो री...

राधा-कृष्ण खड़े हो जाते हैं और गोप-गोपियाँ नाचते हैं। 'जसुदा के लाल...पद' की अन्तिम चार पंक्तियाँ यहाँ गायी जा सकती हैं और पहली तीन पहले, जहाँ यह पद गाया गया है।]

रूपमती-बाजबहादुर

भूमिका दृश्य

[मांडव के सूने महलों के अवशेष। रात। रूपमती की डोलती आत्मा]

(परदा उठता है)

[रात की खामोशी भंग करती घुँघरुओं की आवाज और प्रतिध्वनित स्वर-लहरी–]

त्हाने किन बैरनियाँ बिलमायो।
ऊबी त्हारे कारणे मड़-मड़ जोऊं बाट।।
सांझ पढ़नो दिन आ धम्यो उठ ग्यो सारी हाट।
रूपमती को बाजबहादुर रसिया सगरो ठाट।।

[बाजबहादुर का अशरीरी प्रवेश। निस्तब्धता घनी होती है फिर मद्धिम और फिर शान्त।]

पहला अंक

पहला दृश्य

[तुरत भूमिका के बाद। भोर का प्रकाश। नर्मदा नदी का बहता कलकल जल। मन्दिर के प्रांगण में नर्मदा की पूजा करता रूपमती का पिता दानसिंह। घण्टे-घड़ियाल का वादन। रूपमती (बालिका) का फूल लेकर प्रवेश।]

(नर्मदा-पूजा)

जय ब्रह्मा जय जय विनायकम
महिष्मती जय तीर्थनायकम,
मेकलसुता अभय गिरिधारी
कंटक अमर कुण्ड अवतारी,
रेवा समोदभवा सहरूपा
जय नर्मदा त्रिकाय स्वरूपा
पावन गंगा अंक समोए
सकल कलुष अनुगत गत धोए
जय तन्वंगी कपिल धारिणी
क्षीर धार जय वन विहारिणी
गर्जतोर्मि जय, जय भृगुशरणा
जय त्रिकाल माँ, जय दुखहरणा

[बालिका रूपमती इस पूजा के साथ नृत्य करती है।]

दूसरा दृश्य

[मन्दिर के उसी प्रांगण में वयप्राप्त रूपमती पूजा के फूल लाकर रखती है और नृत्य करती है। उसकी सखियाँ साथ नाचती हैं। बाज़बहादुर कोने में खड़ा अपने अनुचरों के साथ यह देखता है।]

(रूपमती का गायन–पद)

मोर पिया सुरज्ञान अयानो।
कहा राग में बांधत मो को अजहुं नाहिं मैं जानो।।
कबहूं भैरवी कबहूं दीपक एकहि साथ मिलानो।
तार-तार सांसन को खैंचत ठाट बंधे घबरानो।।
कंठ जगावत, अधर सुलावत, गावत लगत बिरानो।
रूपमती को जीवन सूनो ताल पताल हिरानो।।

[बाज़बहादुर रूपमती का संगीत सुनकर भाव-विभोर होता है और गाते हुए प्रकट होता है।]

(बाजबहादुर का गायन–दोहा)

रूप बिना हार न सधे, शीश बिना जिमि ताज
राग और अनुराग में सधे बहादुर बाज।

[दोनों एक-दूसरे को मुग्ध भाव से देखते हैं और आकृष्ट होकर परस्पर पास खिंचते जाते हैं और एक-दूसरे को वर लेते हैं। तभी पूजा के लिए दानसिंह का प्रवेश। वह दोनों को परस्पर प्रेम-विभोर देख लेता है।]

तीसरा दृश्य

[शाम का समय। मन्दिर के उसी प्रांगण में रूपमती एक खम्भे से हाथ ऊपर कर बंधी खड़ी है। पिता दानसिंह क्रोधित आता है।]

(दानसिंह का गीत)

उद्दंड दंड
दावा प्रचंड
कर खंड-खंड

पुरोहित : पहला दोहा 'असिधारा से...' एक आम सत्य को उद्‌घाटित करता है जो प्रेक्षकों की ओर मुखातिब है। दूसरा दोहा—दानसिंह से—

असिधारा सों न कटे प्रेम नीर औ' वात।
गरल सुधा सम होत हैं दोउ सहज सुहात।।

नव वसंत उत्सव जगहिं, जातुराजहिं अनुकूल
ऐसहिं शुभ वेला दलन, करहु न कलिका भूल।

[दानसिंह का क्रोध सभी शान्त करते हैं, रूपमती की माँ और मन्दिर का पुरोहित सभी एक के बाद एक दौड़ते आते हैं, पर दानसिंह का क्रोध शान्त नहीं होता। रूपमती के चेहरे पर भय की जगह एक मोहक शान्ति है जैसे उसे उसका सर्वस्व मिल गया हो। उसकी शान्ति से दानसिंह का क्रोध बढ़ता जाता है। वह जहर का प्याला देने लगता है। पुरोहित हाथ पकड़ लेता है। पिता दानसिंह जितना ही क्रोधित तमतमाता देखता, धमकाता चला जाता है—रूपमती उतनी ही शान्त मुस्कराती रहती है।]

चौथा दृश्य

[रात का समय। रूपमती अकेली बन्धन में है। बादल घिरे बरस रहे हैं।]

(रूपमती का गायन)

पिया बिन उमरो री बदरा।
बरसत रहत नैन निशि बासर
हियो कियो अति कदरा।।
कासो कहों, सुने को मेरी

जोहत बैठी पिय को भगरा।
रूपमती को बाजबहादुर
तजि दियो गोकुल मिट गयो मगरा।

[रेवा का प्रवेश। स्वर्गीय आलोक। रूपमती को आशीर्वाद]

रेवा : इठर कबहुं हीड़हु नहीं, डिगहु न आपतकाल,
निर्भय झेलहु शोक दुख आधि व्याधि अरि-व्याल।

पाँचवाँ दृश्य

[रात का पिछला पहर। युद्ध वाद्य बजने लगते हैं। बाहर से युद्ध का कोलाहल सुनाई देने लगता है। रूपमती उसी तरह खम्भे से बँधी खड़ी है। कोलाहल तेज होता जाता है। रूपमती का पिता दानसिंह हाँफता नंगी तलवार लिए एक ओर से आता है और दूसरी ओर से बाजबहादुर।]

(युद्धगान)

दानसिंह : यह राजपूती आन है,
जब तक लहू है, प्रान है
तब तक झुकेगा सिर नहीं
तलवार ले।

बाजबहादुर : **(तलवार खींचता है)**
यह प्रेम का सम्मान है
यह कला का आह्वान है
अन्याय बिलसेगा नहीं
तलवार ले।

द.नसिंह : यह वंश का अभिमान है
तू अफगान है
मन में चुभा विषबान है
दूँगा न अपनी रूप को
सह वार ले।

[दानसिंह प्रहार करता है, बाजबहादुर रोकता है।]

बाजबहादुर : यह मनुजता का ज्ञान है
हर व्यक्ति यहाँ समान है
मिटने न दूँगा प्रेम को
सह वार, ले।

[दोनों युद्ध करते हैं। रूपमती आत्मविश्वास के साथ शान्त देखती रहती है। बाजबहादुर दानसिंह पर प्रहार करता जाता है और दानसिंह पीछे हटता-हटता पराजित हो मंच से बाहर चला जाता है। बाजबहादुर रूपमती को मुक्त करता है और अपने साथ ले जाता है। युद्ध के बादल धीरे-धीरे शान्त हो जाते हैं।]

(परदा गिरता है।)

दूसरा अंक

पहला दृश्य

[बाजबहादुर के किले में नालचा महल के उद्यान का दृश्य। बाजबहादुर पीठिका पर बैठा मद्यपान कर रहा है। रूपमती पूरे श्रृंगार के साथ उसे निहार रही है। सुख-शान्ति और श्रृंगार का वातावरण। रात का प्रथम पहर। श्रृंगार वाद्य बजते हैं। उद्यान में परिचारिकाएँ नृत्य कर रही हैं। बाजबहादुर रूपमती से गाने-नाचने का संकेत करता है। रूपमती तत्पर होती है। संकेत पा परिचारिकाएँ चली जाती हैं—रूपमती नाचती है और गाती है।]

(रूपमती का गाना—पद)

रूपमती : पिय की छाया संग रहूँगी।
रोम-रोम ते बोलते डोलूँ बैनन नाहिं कहूँगी।
जाहि शब्द तेअधर जुरत हैं ताही शरण गहूँगी।
रवि को तेज-सेज तन वारूं अक-मयंक दहूँगी।
'रूपमती' तप-प्रेम सिंधु में डूबूंगी, न बहूँगी।

[बाजबहादुर गीत सुनकर प्रसन्न हो रूपमती को अंक लगा लेता है। रूपमती उसकी आँखों में समर्पिता देखने लगती है।]

बाजबहादुर : (दोहा)

रत्नजटिल तलवार औ' सोलह नार सिंगार
बांह गहें परखें दोऊ प्यार, मार, संहार।

[रूपमती अंक से निकलकर पीठिका पर जहाँ बाजबहादुर बैठा था जाकर मदभरी अधलेटी बैठ जाती है। संगीत और शृंगारमय। बाजबहादुर नाचता और गाता है–]

इतनो सुख चहत बाज
जितनो नभ नखत आज।
गावत गुनियन समाज
जितनो सुर साज-साज।
इतनो सुख चहत बाज।
देत त्याज रूप काज
जितनो कर राज-ताज।
इतनो सुख चहत बाज
जितनो कर राज-काज।

[रूपमती बाजबहादुर के सौंदर्य को एकटक देखती रहती है। फिर उठकर आती है, उसके सुडौल अंगों का प्यार से स्पर्श करती है और आँखों में आँखें डालकर कहती है–]

(दोहा)

जा छवि मोरे मन बस्यौ राखि कला की लाज।
देखन चाहत याहि छवि धरे शीश दिखात।।

[सेविका एक थाल में ताज उठा लाती है। थाल पर जाली पड़ी है। बाजबहादुर जाली हटाता है। ताज झलमला उठता है। वह हाथ बढ़ा ताज पहनना चाहता है। तभी रूपमती उसे रोक देती है और स्वयं अपने हाथों से बड़े प्रेम से ताज उठा पहनाने लगती है। लेकिन ताज सिर पर रखने के पूर्व ही फिसलकर गिर जाता है। अपशकुन का संगीत बजने लगता है। रूपमती भयभीत खड़ी रह जाती है, थरथराने लगती है। बाजबहादुर भी आशंकाग्रस्त एक क्षण को घबरा जाता है पर रूपमती का मुख निहार अपने चेहरे पर मुस्कान ले आता है। वह झुककर ताज उठाता है और पहन लेता है। ताज पहनते ही संगीत युद्ध के नगाड़ों में बदलने लगता है। प्रतिहारी के आगमन की सूचना होती है, बिगुल बजता है।]

प्रतिहारी का प्रवेश और गायन।]

(सोरठा)

अकबर सिपहसलार, आदम खाँ घेरो पड्यो।
करत जंग ललकार, काल व्याल जिभि मति हर्यो।।

[युद्ध के नगाड़े तेज होते जाते हैं। बाजबहादुर श्रृंगार से निकलकर वीर भाव में परिवर्तित होता जाता है। रूपमती उसे देखती है और धीरे-धीरे भय त्याग आश्वस्त हो जाती है। वह पीठिका से टिकी तलवार उठा उसकी कटि पेटिका में बाँधती है। परिचारिकाएँ नाचते हुए आरती-थाल लाती हैं। वह आरती उतार मंगल तिलक लगाती है। युद्ध-दुंदुभी बजती है। बाजबहादुर रूपमती को अंक लगा युद्ध के प्रस्थान के लिए घूमता है। तभी दृश्यलोप हो जाता है।]

दूसरा दृश्य

[मंच की प्रकाश व्यवस्था से युद्ध-भूमि का दृश्य प्रस्तुत होता है। आदम खाँ और बाजबहादुर के सैनिक तलवारों से लड़ रहे हैं। तदनुरूप संगीत उग्र होता जा रहा है। अचानक बाजबहादुर और आदम खाँ विपरीत दिशाओं से प्रवेश कर एक-दूसरे से युद्धरत हो जाते हैं। आदम खाँ हिंस्र पशु-सा टूटता है पर बाजबहादुर संयत रूप से वार करता और बचाता है। बाजबहादुर के सैनिक एक-एक कर मंच से लुप्त हो जाते हैं। बाजबहादुर अकेला आदम खाँ और उसके सैनिकों से घिर जाता है। वह अकेला जूझता आदम खाँ को पीछे ढकेलता जाता है और इसके पहले लगता है, आदम खाँ थककर दम तोड़ने ही वाला है तभी सभी सैनिक बाजबहादुर पर टूट पड़ते हैं। बाजबहादुर मंच के जिस ओर से आदम खाँ आया था उसी ओर से घूमकर लड़ने लगता है और पीछे हटता-हटता मंच से प्रस्थान कर जाता है। नेपथ्य में जयघोष और 'पकड़ो-पकड़ो' की ध्वनि उठती है और धीरे-धीरे शान्त हो जाती है। युद्ध का संगीत धीरे-धीरे पराजय के करुण संगीत में परिवर्तित हो जाता है।]

(दृश्यलोप)

तीसरा दृश्य

[किले में आदम खाँ का दरबार। शराब के दौर चल रहे हैं। रात का समय। विजयोल्लास दीख रहा है। आदम खाँ की नर्तकी मीनू नाच रही है।]

(गजल)

तेरी नजर से कोई जाम जब दिया मैंने
　　नजर-नजर को शराबी बना दिया मैंने।
मजाल क्या जो कदम मेरे डगमगा जाएँ
　　कि अब जो फैसला करना था कर लिया मैंने।
सवाल ही नहीं उठता कि जाऊँ और कहीं
　　जबीं को जब तेरे दर पर झुका दिया मैंने।
बला से इश्क में अब मेरा जो भी हो अंजाम,

तेरी खुशी को मुकद्दर बना लिया मैंने।
तुझे बहुत मेरी जानिब से बदगुमानी थी,
ये ले चिरागे तमन्ना बुझा दिया मैंने।
गुमान में भी न था तरके आरजू करना,
और अब ये सोच रहा हूँ ये क्या किया मैंने।
झुका दिया वहीं लोगों ने सिर अकीदत से,
जहाँ भी उनका शफक नाम ले लिया मैंने।

[रूपमती सिर झुका लेती है। खाँ लड़खड़ाता अपनी दृष्टि से उसे धमकाता चला जाता है। मीनू की ओर देखता तक नहीं। मीनू उसका प्रस्थान अचरज से देखती है। आदम खाँ के मंच से प्रस्थान कर जाने के बाद मीनू रूपमती के पास जाती है। उसका झुका हुआ सिर उठाती है और संवेदना से देखती है। रूपमती कातर दृष्टि से उसकी ओर निहारती है। मीनू की आँख में अपनी स्थिति के प्रति संवेदना पा खड़ी हो उससे लिपट जाती है जैसे डूबते को तिनके का सहारा मिल गया हो। करुण संगीत नेपथ्य में बजता है जैसे रूपमती फूट-फूटकर रो रही हो।]

(मीनू गाती है–सोरठा)

फुफकारत है व्याल,
पिंजरे को पंछी न डर।
रचहुं मुक्ति की चाल,
तौल पंख अंबर प्रखर।।

[रूपमती प्रसन्न और कृतज्ञ भाव से उसकी ओर देखती है। मीनू एक ओढ़नी उसको ओढ़ाती है जैसे उसका वेश बदल रही हो। मंच पर धीरे-धीरे अँधेरा हो जाता है। मद्धिम प्रकाश में रूपमती मंच से प्रस्थान करती है। किले से बाहर चली जाती है। दूसरी ओर से मीनू जाने लगती है। अचानक मंच पर प्रकाश तेज हो जाता है। मीनू रुक जाती है। आदम खाँ प्रवेश करता है। रूपमती के स्थान को सूना देखता है। वह मीनू की ओर घूरता ०। मीनू भी रूपमती के स्थान को हैरत से देखने लगती है। आदम खाँ गुस्से से काँपने लगता है।]

आदम खाँ : (दोहा)

दौरहु प्रहरी सैन्य दल, मथ्यौ अकास-पताल।
पेश करहु वा नारि झट, वरन दिखावहुं काल।।

[मंच से प्रहरी दौड़ते हुए निकल जाते हैं। आदम खाँ मीनू को भी खोजने का इशारा करता है। मीनू जिस ओर से रूपमती गई है उस ओर तेजी से प्रस्थान कर जाती है और आदम खाँ विपरीत दिशा को प्रस्थान करता है।]

चौथा दृश्य

[आदम खाँ के दरबार का दृश्य। पूर्ववत। केवल रूपमती जिस स्थान पर बैठी थी वह स्थान खाली है। पहले कुछ नर्तक नृत्य करते हैं। दरबार में सर्वाधिक सम्मानित मंच पर मालवा के प्रसिद्ध गायक रायचंद बैठे हैं। मीनू आदम खाँ का जाम ढालती है। तभी प्रहरी रूपमती को पकड़कर लाते हैं। रूपमती आगे-आगे, तलवार-भाले लिए प्रहरी पीछे-पीछे। आदम खाँ उसे देखकर अट्टहास करता है। मीनू विकल हो उसे देखती है। उसके हाथ से जाम छलक जाता है जिसे आदम खाँ नहीं देखता। रायचन्द रूपमती को देख सम्मान में उठने की कोशिश करते हैं पर आदम खाँ को अपनी ओर देखते देख उठते-उठते भी बैठे रह जाते हैं। लेकिन सिर झुका रूपमती के प्रति अपना सादर अभिवादन प्रकट करते हैं। आदम खाँ मीनू की ओर देखता है और इशारा करता है। मीनू रूपमती को ले जाती है और मंच के पार्श्व में उसके पूर्व स्थान पर बैठा देती है। रूपमती अपमानित क्षोभ भरी बैठ जाती है। आदम खाँ और जल्दी-जल्दी शराब पीने लगता है। वह रायचन्द को गाने का इशारा करता है। रायचन्द गाने के लिए उठते हैं। सभी वादक दरबारी सम्मान में खड़े हो जाते हैं। रायचन्द गाते हैं–]

रायचन्द : (पद)

बहुत दिन टिकत न शक्ति गुमान।
ओ अन्यायी हर पग तेरो है विनाश अभियान।।
संग दुधारी म्यान सु निकरत अपनो ही अवसान।
जे दुखियन कू सतत सतावत पहले वही बिलान।।

चकमक-आह चाह सू चटक्यो फूंकत भभकि परान।
बाज झपट्टा मारत ऐसो दीखत नाहिं ठिकान।।
'रायचन्द' सूरन की भाषा—प्रेम, मुक्ति, सम्मान।
कायर अपनेहि भय सूं भहरत छन मां गिरत किसान।।

[रायचन्द के गाने की भाषा और अर्थ न समझते हुए भी आदम खाँ सिर हिलाता, झूमता और खुश होता है। उसके अभिनय से साफ प्रकट है कि वह समझ नहीं रहा है। रूपमती अर्थ समझती है और अपनी उदासी में थोड़ा पुलकती और सिर उठाती है। रायचन्द गाते-गाते अक्सर आदम खाँ की दृष्टि बचा सम्मान भाव से रूपमती की ओर देखते हैं विशेषकर 'बाज झपट्टा मारत' वाली पंक्ति पर। रायचन्द को आदम खाँ बख्शीश देते हैं। उनके गाने के बाद महफिल बरखास्त हो जाती है। आदम खाँ कामुक दृष्टि से फिर रूपमती को देखता है फिर मीनू की ओर। मीनू परिचारिकाओं को बुलाती है। आदम खाँ प्रस्थान करता है। मीनू परिचारिकाओं के साथ रूपमती का श्रृंगार करने लगती है। मंच श्रृंगार कक्ष में बदल जाता है। परिचारिकाएँ एक ओर फूलों की सेज लगाकर रख देती हैं। रूपमती कुछ सोचती है। फिर प्रसन्न हो दर्पण में अपना श्रृंगार करने लगती है।]

(पार्श्व गायन)

करहुं साज श्रृंगार
पिया दरपन निहार।
अब विलम्ब कछु नाहिं
छन अन्तःपुर माहिं
लो पालकी उतार।
करहुं साज श्रृंगार
पिया दरपन निहार।
चंदन सुवासिन तन
रत्नजटित आभूषन
आऊँ छोड़ि यहि पार।

करहूं साज शृंगार
पिया दरपन निहार।
लुकहु न मिलहु धाय,
लेहु अंक लपटाय,
सेज कलियन उघार,
करहुं साज शृंगार
पिया दरपन निहार।

[शृंगार पूरा हो जाता है। आदम खाँ के आगमन की सूचना नर्तकियों द्वारा मिलती है। वे एक बहुत बड़ा हार थाल में सजा आदम खाँ की ओर से लाती हैं और मीनू को देती हैं। मीनू रूपमती को उठा सेज की ओर ले जाती है और हार भी। रूपमती नाचती हुई प्रसन्न सेज की ओर जाती है। वह अन्तिम बार तन्मय हो बेसुध-सी शृंगार नृत्य करती है। फिर सेज पर आधी लेट जाती है, गाती है अन्तिम गान--उसका स्वर करुण हो जाता है। वह आदम खाँ का हार अपने पैरों से ठुकरा फेंक देती है। गाती है--]

तुम बिन जियरा दुखत है
मांगत है सुखराज
रूपमती दुखिया भई
बिना बहादुर बाज।

[फिर अँगूठी का हीरा चाट पलँग पर सो जाती है। आगमन संगीत के साथ आदम खाँ का प्रवेश। वह मृत रूपमती को क्रोध फिर पराजय के भाव से देखता है। उसके द्वारा ठुकराए गए हार को पैरों से कुचलता है। सभी सिर झुकाए खड़े हैं। मंच पर धीरे-धीरे अँधेरा हो जाता है।]

समापन दृश्य

[भूमिका दृश्य पुनः पूर्ववत दृश्य के साथ दोहराया जाता है। 'त्हाने किन बैरिनियाँ बिलमायो' की स्वर लहरी परदा गिरने के बाद भी कुछ क्षण गूँजती रहती है।]

●●●

सावन घन आए

स्वागत संगीत

आ गए आ गए।
सखि सावन के घन आ गए।

उद्घोषक पुरुष : सावन के घन आ गए। आकाश में काले मेघों के हिरन चौकड़ी भरने लगे। दिशाओं में हरियाली के परदे टंग गए। डाल-डाल सुहागिन हो गई। फूलों से माँग सज गई। सावन के इन मेघों के लिए कुंज-कुंज ने जयमाल गूंथ ली। मेहंदी लहक उठी। कंवारी सूनी हथेलियों पर चित्र बनने लगे। मोह के चित्र मन के स्वप्न और जीवन की आकांक्षाओं के चित्र।

उद्घोषक नारी : स्मृति के चित्र, सुधि-भीगी व्यथा के चित्र। द्वार-द्वार कजरारे नयन जड़ गए। दूरागत पगडंडियों पर प्रतीक्षा की दृष्टि बिछ गई। पीहर की सुधि आने लगी। भरते हुए नदी-नालों को देखकर मन कसक उठा। पोखर का जल भी लहरें लेने लगा। मन कलोंचने लगा। ममता भरे आँचल की छाया बुलाने लगी। माँ, ओ माँ, तुम कहाँ हो ? पिता की स्नेह भरी दृष्टि, भाई-बहिनों का रूठना-झगड़ना कहाँ है ? मुझे कोई लेने क्यों नहीं आता। कहाँ है वह डोली। वो कहार जो मुझे यहाँ छोड़ गए थे। सावन के मेघ बोलते क्यों नहीं।
[लोकगीत की धुन—विदेसिया नारी स्वर।]

सूझत नाहीं मोहे
पीहर डगरिया...सावन बदरिया

उद्घोषक पुरुष : दूर परदेस गए पिया की याद भी आने लगी। गाँव के सींवान पर अक्सर कोई दिन डूबते आकर खड़ा हो जाता है। जलमग्न पगडण्डी और घिरते हुए बादल देख मन मसोस लौट जाता है। कोठे और बरौठे पर रात-रात भर दीप जलता है। जागती हुई चूड़ियाँ खनकती रहती हैं। किसे बुलाती है यह ? वह कौन है जो घिरते हुए सावन के मेघों को भी देखकर चुप है। जिसके पैर अनायास ही अपने घर की ओर नहीं मुड़े। जिसे हर ओर दो जल भरे प्रतीक्षाकुल नयन नहीं दिखाई देते। जिसके जीवन का अंगार बुझ गया है। जिसकी बांसुरी रुंध गई है। वह कौन है जिसकी पगध्वनि से झींगुरों और दादुरों की तन्द्रा नहीं टूटी। जिसके पथगीत घर के पास की अमराइयों में नहीं तैर गए। मेहंदी रची हथेलियों से जिसने अपने शीश की छाँव नहीं चूम ली। वह कौन है। कौन ! बोलते क्यों नहीं, सावन के मेघ, चुप क्यों हो !
[नारी कण्ठ। लोकधुन]

नीम की निंबोली पक्की सावन की ऋतु आई रे...

उद्घोषक नारी : मेघ कुछ और गहरा गए हैं। बड़ी-बड़ी बूंदें मोतियों जैसी टूट पड़ी हैं। पुरवाई के बेहोश झोंके पर झोंके आ रहे हैं। लो आकाश में बिजली कड़क उठी है। घने कजरारे मेघ गरजने लगे हैं। धरती पर झुक आए हैं। तेज झोंकों में वृक्ष की डालें झूम रही हैं, पत्ते तालियाँ बजा रहे हैं। दूर-दूर तक फैले हुए हरे खेतों में हरियाली का ज्वार-सा उठ रहा है। श्वेत जलपक्षी टूटी पाँतों में तेजी से पर

मारते उड़े जा रहे हैं। इस रहस्यमय सौन्दर्य से मन एक अव्यक्त मस्ती से भर उठा है। नस-नस में स्फूर्ति की बिजली-सी कौंध गई है। कहीं कोई आवाज देने लगा है। आम की डाल पर बँधा झूला खुल गया। चूड़ियों की खनक और खिलखिलाहट बढ़ती गई। धीरे-धीरे पुरवाई में झूले की नाव तैरने लगी। उधर बूँदें कड़ी हुईं, बिजली चमकी, बादल और जोर से गरजे। इधर चूड़ियाँ खनकीं। गीत उमड़े और पंख खोलकर दिशाओं में तैर गए। धरती पर संगीत भर गया। झूले की पेंग तेज होने लगी और गीत आकाश छूने लगा। आम की डाल ने घुँघरू बाँध लिए।

[गीत झूले का कोरस, नारी कण्ठों में]

धरती डोलूँ अम्बर डोलूँ, हाथ न तेरे आऊँ रे...

उद्घोषक पुरुष : उधर आम की डाल पर झूले का गीत उमड़ा, इधर गाँव के बच्चों और युवकों की टोली खुशी से नाचने लगी, शोर मचाने लगी। उधर बौछार तेज होने लगी, इधर मन की उमंग जोर मारने लगी। वे सब पानी में आ खड़े हुए, भीगने लगे। ज्यों-ज्यों बादल गरजते, बिजली चमकती, बौछार तेज होती, त्यों-त्यों, इधर शोर और उछल-कूद बढ़ती। फिर वर्षा मूसलाधार होने लगी और सारा शोर गीत में बदल गया। सभी कण्ठ एक हो गए।

(गीत)

आँधी पानी आया
चिड़ियों ने ढोल बजाया।...

उद्घोषक नारी : दूर गाँव की सीमा के परे झूले का यह गीत जाकर ठिठक गया। वहाँ जहाँ एकान्त कछार है, जहाँ एक मटमैली नदी है। जहाँ बादल ज्यादा गहराए लगते हैं,

जहाँ पुरवा के झोंके तेज हैं, बूँदें सख्त हैं। वहीं, किसी कुंज से, किसी घने वृक्ष के तले से बांसुरी टेर उठी। एक मोहक तान में अल्हड़ प्रकृति ने जैसे अंगड़ाई ले ली। बाँसुरी किसी मस्त, बेफिक्रे अनपढ़ चरवाहे की। जो बादलों की पाग बाँधता है, बूँदों के हार पहनता है और बिजलियों के पंख लगाकर इस सारे कछार में मंडराता फिरता है।

उद्घोषक पुरुष : जिसकी आवाज पर इन्सान नहीं दौड़ते, लेकिन मासूम पशु-पक्षी चौपाये शीश झुकाए चले आते हैं। वर्षा की बूँदें तेज होते ही उसने हाँक लगाई। जिसे सुनकर सावन के मेघ छमछमाकर बरस उठे और दूर-दूर तक कछार में फैले हुए चौपाये भाग आए, उसे घेरकर खड़े हो गए। वे तेज पुरवा के झोंकों में भीगते थरथराते चौपाये। लेकिन मेघों में उसके नग्न श्याम तन पर इसका कोई असर नहीं। सावन के मेघों का वह सच्चा साथी है क्योंकि उसने बिजली की कलगी लगा रक्खी है। अचानक सारे दर्द खो गए, मस्ती से उसका मन लहर उठा। दूर...हिरनी-सी दो आँखें चमक उठीं।

[डुएर]

उद्घोषक पुरुष : नदिया किनारे...एहो एहो एहो
उद्घोषक नारी : नदिया किनारे...एहो...
उद्घोषक पुरुष : नदिया किनारे...एहो...
उद्घोषक नारी : नदिया किनारे...एहो...
उद्घोषक पुरुष : नदिया किनारे...एहो...
उद्घोषक नारी : नदिया किनारे...एहो...
उद्घोषक नारी : स्वागत है इन सावन के घनों का जिन्होंने जलती धरती पर हरीतिमा बिखरे दी। प्यासे नदी नद-सर-तड़ाग भर दिए।

उद्घोषक पुरुष : स्वागत है इन सावन के घनों का जिन्होंने धरती के कण-कण को संगीतमय कर दिया। सूखे निर्झर शिलाओं से टकराकर गा उठे, मोर जिन्हें देखकर थिरक उठे। कोकिल और पपीहे ने आलाप भरे, झिल्ली और दादुर ने स्वर साधे। जड़ जंगम नाच उठे, वृक्ष लताएँ झूमने लगीं।

उद्घोषक नारी : धन्य हैं ये सावन के घन जिन्होंने सोया स्नेह जगाया, स्वजनों और आत्मीयों की सुधि जगाई।

उद्घोषक पुरुष : जिन्होंने पीड़ा दी, कसक दी, राग दिया, अनुराग दिया। आवेश और उत्साह से जीवन भर दिया। जिन्हें देख नसों में नए रक्त का संचार हुआ।

उद्घोषक नारी : जो आकांक्षा और पुनर्जीवन के प्रतीक हैं।

उद्घोषक पुरुष : जो पुरातन को नया करते हैं। सम्बलहीन को सहारा देते हैं। जो आस्था और नवनिर्माण को जगाते हैं।

उद्घोषक नारी : जो जीवन हैं और अनन्त जीवन के स्रोत हैं। ऐसे सावन के घन हम सबके आँगन में छाएँ।

उद्घोषक पुरुष : हम सबके मन को नयी आशाओं से पूर्ण करें।

(कोरस)

सखि मेरे आँगन में...
सखि मेरे आँगन में...

रक्षाबन्धन

(कोरस स्त्री स्वरों में)

आ गयी आ गयी।
मन भावन राखी आ गयी।
एक सूत में ही जीवन की
सारी पीर समा गयी।
जाने कौन देश में होगा
मेरा प्यारा भाई।
पतझर की डालों सी होगी
सूनी पड़ी कला ई है,
लता स्नेह की फूलों वाली
बाट जोह कुम्हला गयी
मन भावन राखी आ गयी।
मेरे आंगन में आया
भाई का मन बन पाखी
पहन गया मेरी सुधि की
तकली पर काती राखी।
दूर बसे भाई-बहनों को भी
यह आज मिला गयी,
मन भावन राखी आ गयी।

[गीत बैकग्राउंड में हल्का होकर चलता रहता है।]

स्त्री स्वर-1 : जिसके होने मात्र से ही।
सारी दुनिया बसी हुई है।
जिससे कुछ न पाकर भी मैं भरी-पुरी हूँ,

जिसके अस्तित्त्व का आभास मात्र शक्ति का संचार करता है,
जिसका नाम लेते ही शिराओं में स्वस्थ रक्त दौड़ने लगता है।
जो बीते दिनों का प्रकाश है
जो वर्तमान की ठोस जमीन है,
जो भविष्य का शरणस्थल है,
वह मेरा भाई है।
मैं उसकी ही रक्षा के बन्धन में बंधी हूँ
मेरा सम्पूर्ण व्यक्तित्व उसकी कलाई की राखी है।
मैं उसकी शोभा हूँ
वह मेरी शक्ति है
वह मेरा भाई है।

उद्घोषक पुरुष : भाई-बहनों का यह पुनीत पर्व कब से चला आ रहा है इतिहास में इसकी कोई सीमारेखा नहीं है। जिसकी नींव में मानव मन की चिरन्तन भावनाएँ हों उसकी सीमा खींची भी क्यों जाए ! जहाँ जबान नहीं, धमनियों का रक्त बोलता हो वहाँ आवाज बाँधी भी कैसे जा सकती है ! आज रक्षाबन्धन है, भाई और बहनों का त्यौहार। सूत के एक पीले कच्चे धागे से लेकर, रेशम के फूलों वाली सुनहली रुपहली राखियाँ तक हर आँगन में झलक रही हैं। गलियों और बाजारों में देखते-देखते राखी की दुकानें खुल गई हैं। नयी-नयी डिजाइनें, भारी-भारी कीमतें राखी के नाम पर लग रही हैं। नन्ही-मुन्नी बहनों ने भी बड़े मनोयोग से थाल में राखियाँ सजाई हैं और छोटे-छोटे भाई उछल-उछलकर उन्हें मिठाइयाँ और रुपए दिखा रहे हैं। अभी कलाइयाँ बढ़ेंगी और राखियाँ बाँधी जाएँगी। घर के आँगन-आँगन गूँज उठेंगे।

(कोरस स्त्री स्वरों में)

भैया लाओ तुम नेग मिठाई
बहिन राखी बाँधन आई।

भैया मेरा उगता सूरज
बहिन बहती पुरवाई। भैया.
भैया मेरा ऊँचा पर्वत
बहिन नदिया गहराई। भैया.
भैया मेरा चन्दन बंगला
बहिन पूनम की जुन्हाई। भैया.
भैया मेरा वंशीवट सा
बहिन जमुना की लुनाई। भैया.
राखी मेरी चन्दा सूरज की
दीये भैया की कलाई।
बहन राखी बांधन आई।
भैया लाओ तुम नेग मिठाई।
बहिन राखी बाँधन आई।

(करुण संगीत)

उद्घोषक पुरुष : लेकिन सभी अपनी राखी में, चाँद और सूरज नहीं गूंथ सकी हैं क्योंकि उनका भाई उनसे दूर है...उन आँगनों में आह्लाद से भरे गीत नहीं हैं महज दीर्घ निःश्वास हैं, स्मृतियाँ हैं, प्रतीक्षा है।

स्त्री स्वर-1 : दूर आकाश के नीले घोड़े को कोई पर्वत की ऊँची चोटी से बाँध गया है। क्या बाल रवि-सा मेरा भाई आज राखी के दिन मेरी पुकार सुनकर आ गया है।

स्त्री स्वर-2 : मेरे आँगन के शहतूत पर, यह सतरंगे इन्द्रधनुष की डोर आज कहाँ से आकर उलझ गई है। क्या रात की काली नदी से निकलकर मेरा भाई, भोर की इस सुनहरी रेती पर अपनी नाव बाँध गया है।

स्त्री स्वर-1 : यह कैसी विशाल लम्बी छाया आज मेरे द्वार पर आकर खड़ी हो गई है। यह कैसी खामोशी है जो आज मेरे रोम-रोम में बोलती है। यह कैसा स्पर्श है जो अछूता

रहकर भी इस घर के हर दरवाजे और खिड़कियाँ खोल गया है। यह कौन है जो मेरे पास है, मेरे साथ है, लेकिन मैं जिसे देख नहीं पाती और न जिसके पैरों की आहट ही सुन पाती हूँ। क्या मेरे भाई ने आज राखी के दिन मेरी पुकार सुनकर अदेखे देवदूत भेज दिए हैं।

स्त्री स्वर-2 : यह कौन-सा मन्दिर है जिसके घण्टे और घड़ियाल की आवाज अनवरत मेरे कानों में पड़ रही है। यह कौन-सी नदी है, जहाँ मछुओं की टोलियाँ उत्साह में भरे चुनौती के गीत गा रही हैं। यह कैसा मेला-सा मेरे घर के सामने से गुजर रहा है। चौपायों की घंटियाँ बज रही हैं हँसी और खिलखिलाहट के बीच, अटपटे गीतों की टूटती हुई कड़ियाँ सावन के झकोरों-सी, सुरीले कण्ठों से आ रही हैं। ऊँची भारी आवाज में कौन मेरा नाम ले-लेकर बुला रहा है। क्या राखी का दिन जान मेरे भाई ने मुझे अपने घर बुला लिया है।

उद्‌घोषक पुरुष : लेकिन ये प्रतीक्षाएँ मधुर हैं, इन निःश्वासों के पीछे गहरे स्वप्न हैं। इन स्मृतियों के पीछे कोई बल है, शक्ति है।

कहते हैं यह त्यौहार राजपूतों का है। पति और भाई के राज्यों को एक सूत से बाँध रखने की कहानियाँ अभी तक चली आती हैं। इस राखी के ही बल पर बड़े-बड़े युद्ध जीते गए, बड़े-बड़े आक्रमणकारियों को परास्त होना पड़ा। विजेताओं को शीश झुका वापस लौट जाना पड़ा।

युद्ध दृश्य

पुरुष-1 : लेकिन सेनापति यह युद्ध नहीं होगा।

पुरुष-2 : क्यों महाराज, युद्ध में तो अब तक हम तेजी से जीत रहे हैं। हमारी विजय निश्चित है। शत्रुओं को परास्त करने का यह अवसर छोड़ देना कहाँ की बुद्धिमानी है।

पुरुष-1 : बुद्धि की सीमा सभी खींच लेते हैं सेनापति। लेकिन जो वास्तव में वीर हैं। शत्रु पक्ष के महलों से भेजी गई राखी मैं स्वीकार कर चुका हूँ। अब मैं राज्य की महारानी का राखीबन्द भाई हूँ।

पुरुष-2 : यह अनुचित है महाराज ! उन हजारों व्यक्तियों के नाम पर अनुचित है जो युद्ध में मारे गए हैं।

पुरुष-1 : लेकिन यह उन हजारों व्यक्तियों के नाम पर उचित भी है जो मारे जाने से बच जाएँगे।

पुरुष-2 : लेकिन महाराज, एक बहिन के नाम पर आप उन हजारों बहनों को नहीं छोड़ सकते जिनके भाई नहीं रहे, जिनकी राखियाँ सूनी रहेंगी। एक राखी के आदर के लिए उन हजारों निराश्रित राखियों का अनादर अनुचित है।

पुरुष-1 : नहीं सेनापति, आश्रय में आए हुए को अस्वीकार करने से बढ़कर संसार में कोई पाप नहीं। जिसने बहिन बनकर अपने को सौंप दिया हो, उसकी भाई बनकर रक्षा तो करनी ही पड़ेगी।

पुरुष-2 : और फिर युद्ध।

पुरुष-1 : उसे बन्द कर दो सेनापति।

(युद्ध दृश्य समाप्त)

उद्घोषक पुरुष : रक्षाबन्धन का पर्व यह बताता है कि जो समर्थ है, शक्तिशाली है, वह मुक्त नहीं है। वह उनके बन्धनों से बँधे हैं जो दुर्बल हैं, अशक्त हैं। शक्ति का उत्तरदायित्व होता है। उनकी रक्षा का जो अशक्त हैं। असमर्थ को अधिकार है उनका आश्रय पाने का जो समर्थ हैं। आश्रित और आश्रयदाताओं का यह पारस्परिक संबंध ही सभ्यता के विकास की वह कड़ी है जहाँ मानवता का सर गर्व से ऊपर उठता है। क्योंकि यहीं मानव और पशु की शक्ति का अन्तर स्पष्ट होता है। रक्षाबन्धन के

पुनीत पर्व के पीछे छिपी हुई यह आवाज काश ! आज की दुनिया समझ पाती।

लेकिन संघर्ष से भरी हुई जिन्दगी में अपना ही सीना चौड़ा करके चलना पड़ता है। वज्र के उन हाथों का ही सहारा लेना पड़ता है। जिनका नाश करना ही धर्म है। तूफान से विजय पाने के लिए तूफान का ही आश्रय। कहते हैं यदि विश्वास और आस्था हो तो नाश की छाया में चलकर भी आदमी निर्माण की राह पर लग जाता है। आज राखी के दिन ये सारी राखियाँ उन संघर्षों और तूफानों को ही समर्पित हैं, जिनका हम सामना कर रहे हैं।

(कोरस स्त्री स्वरों में)

बिजली की डोर बटके
राखी मैं बना लाई
तूफानों से कह दो।
आगे करें कलाई।

लहरों के पालों वाली
अब डोंगी खोल दी है
जय मैंने अनदेखे
सागर की बोल दी है।

भवरों के घुँघरू बँधे
कह दो नाचे गहराई
बिजली...

कल मूँगे के साये
द्वीपों में नाव होगी
साँसों में केसर होगी
चन्दन की छाँव होगी।

भय किसका होवे जब

यह विश्वास मेरा भाई
बिजली...

उद्घोषक नारी : तूफान नतमस्तक होंगे सपने पूरे होंगे
शायद यही विश्वास फिर जगाने के लिए राखी आ गयी है।
आ गयी आ गयी
मनभावन राखी आ गयी।
नयी जिन्दगी नयी शक्ति की
पावन झलक दिखा गयी
मनभावन राखी आ गयी।
उनके हाथ थाम लो जिनके
हाथ अभी दुर्बल हैं
उनको हाथ बढ़ा दो जिनके
हाथ शक्ति सम्बल है।
मानवता का पाठ यही है
बार-बार समझा गयी
शुचिपावन राखी आ गयी।
आ गयी आ गयी
मनभावन राखी आ गयी।

युद्ध दृश्य

पुरुष-1 : लेकिन सेनापति यह युद्ध नहीं होगा।

पुरुष-2 : क्यों महाराज, युद्ध में तो अब हम तेजी से जीत रहे हैं। हमारी विजय निश्चित है। शत्रुओं को परास्त करने का यह अवसर छोड़ देना कहाँ की बुद्धिमानी है।

पुरुष-1 : बुद्धि की सीमा सभी खींच लेते हैं सेनापति। लेकिन जो वास्तव में वीर हैं। शत्रु पक्ष के महलों से भेजी गयी राखी मैं स्वीकार कर चुका हूँ। अब मैं राज्य की महारानी का राखीबन्द भाई हूँ।

पुरुष-2 : यह अनुचित है महाराज ! उन हजारों व्यक्तियों के नाम पर

अनुचित है जो युद्ध में मारे गए हैं।

पुरुष-1 : लेकिन यह उन हजारों व्यक्तियों के नाम पर उचित भी है जो युद्ध में मारे जाने से बच जाएँगे।

पुरुष-2 : लेकिन महाराज एक बहिन के नाम पर आप उन हजारों बहनों को नहीं छोड़ सकते जिनके भाई नहीं रहे, जिनकी राखियाँ सूनी रहेंगी। एक राखी के आदर के लिए उन हजारों निराश्रित राखियों का अनादर अनुचित है।

पुरुष-1 : नहीं सेनापति, आश्रय में आए हुए को अस्वीकार करने से बढ़कर संसार में कोई पाप नहीं। जिसने बहिन बनकर अपने को सौंप दिया हो, उसकी भाई बनकर रक्षा तो करनी ही पड़ेगी।

पुरुष-2 : और फिर युद्ध।

पुरुष-1 : उसे बन्द कर दो सेनापति।

(युद्ध दृश्य समाप्त)